HEYNE <

Für Julie

Madeleine du Frayne

Das kleine Buch vom Manifestieren

Wünsche erfüllen und Träume verwirklichen mit dem Gesetz der Anziehung

Aus dem Englischen übersetzt
von Karin Weingart

WILHELM HEYNE VERLAG
MÜNCHEN

Die Originalausgabe erscheint 2023 unter dem Titel *The Little Book of Manifesting* bei Gaia Books, einem Imprint von Octopus Publishing Group Ltd., Carmelite House, 50 Victoria Embankment, London, EC4Y 0DZ, England.

FSC
www.fsc.org
MIX
Papier | Fördert gute Waldnutzung
FSC® C004378

Penguin Random House Verlagsgruppe FSC® N001967

Redaktion: Dr. Diane Zilliges
Umschlaggestaltung: Guter Punkt, München
Designer und Illustrator: Abi Read
Satz: Vornehm Mediengestaltung GmbH, München
Druck und Bindung: PBtisk, a.s., PŘÍBRAM
Printed in the Czech Republic
ISBN 978-3-453-70464-0
www.heyne.de

Inhalt

Einführung

Du kannst alles haben, was du willst.

Lies dir diesen Satz noch einmal durch. Sprich ihn aus, wenn du magst; sag ihn laut, langsam, entschieden. Sag ihn bewusst und meine ihn auch so – wenn es dir möglich ist.

Ich kann alles (haben), was ich will.
Wie fühlst du dich, wenn du diesen Satz aussprichst?
Mal ehrlich: Konntest du es wenigstens versuchen?
Wenn ja: Hast du ihn auch so gemeint?
Hast du dich dabei dumm, albern oder egoistisch gefühlt?
Mach dich deswegen bitte nicht fertig; könnten wir diesen Satz alle sagen und so meinen, bräuchte es dieses Buch nicht.
Es beruht allein auf diesem einfachen Satz, der sich so leicht schreiben, so schwer sagen und praktisch nie so meinen lässt. Dies hier ist schließlich *Das kleine Buch vom Manifestieren.* Und Manifestieren stellt das Versprechen dar, dass du alles haben kannst, was du willst und brauchst.

Übung

Die »Mein bestes Ich«-Box

Das Manifestieren ist eine Investition in dich selbst. Und daran soll dich die »Mein bestes Ich«-Box von Anfang an erinnern. Für die Übungen in diesem Buch brauchst du ein paar Dinge – und die bewahrst du am besten in dieser Kiste auf. In ihr beginnt dein neues Leben und nach einiger Zeit enthält sie alles, was du dafür brauchst.
Als Box eignet sich jeder Behälter, der dir zusagt. Er sollte dir aber wirklich gefallen! Entscheide dich für eine schöne Kiste, die dir einen Vorgeschmack auf dein künftiges Leben gibt. Nimm vielleicht eine Schmuckschatulle, ein hübsches weites Glas mit passendem Deckel oder auch den Schuhkarton einer besonderen Marke. Genauso gut kannst du selbst eine passende Box basteln und sie mit Packpapier (für mich: immer ökologisch vertretbare Materialien) oder einem geschmackvollen Papier aus dem Kunsthandwerksbedarf bekleben. Es sei denn, du möchtest lieber eine Collage farbiger

Ausrisse aus Magazinen und dergleichen zusammenstellen.

Das alles hört sich vielleicht albern an – fürs Manifestieren aber ist gerade die Mobilisierung des Kreativen, Schönen und Spielerischen in dir von größter Bedeutung. Deshalb dreht sich in diesem Buch auch vieles um deine weiche, verrückte, künstlerische Seite. Denn wir wollen ja möglichst selbstbewusst, verspielt und aufmerksam sein. Und das auch zum Ausdruck bringen. Manifestieren heißt nicht zuletzt, die äußere Wirklichkeit mit unserem inneren Wesen in Einklang zu bringen. Und dafür ist alles Künstlerische perfekt geeignet.

In deine Box gehört neben diesem Buch auch dein Manifestationsjournal. Das ist das Wichtigste überhaupt. Such dir dafür ein leeres Buch, das dir schon jetzt das Gefühl vermittelt, dein bestes Ich zu sein. Ein Buch, wie es dein bestes Ich besitzen würde. Dein künftiges Ich. Vielleicht ein Buch, in das zu schreiben du dich bislang nie getraut hast – aus Angst, es zu »entweihen«.

Außerdem benötigst du einiges aus dem Bastelbedarf – Dinge, die allein dir gehören und die du nicht einmal mit deinen Kids teilst, die auch gern so eine scharfe Schere oder so tolle Buntstifte hätten. Denn diese Dinge sind Investitionen in deine Kreativität, in dein Funkeln. Außerdem hast du sie einfach verdient. Vielleicht entscheidest du dich für Washi-Tape in allen möglichen Farben. Legst Wert auf einen bestimmten Klebstoff. Oder magst du Sticker? Gute Stifte? Die müssen nicht unbedingt teuer sein – manchmal aber darfst du dich ruhig auch verwöhnen. Vergiss das nie!

Such dir bitte außerdem ein paar ätherische Öle beziehungsweise ein Parfum aus oder leg einige Lavendelzweige in deine Box. Düfte bieten eine gute Möglichkeit, in Kontakt mit unseren körperlichen Empfindungen zu kommen; und von einigen, etwa Lavendel, ist sogar wissenschaftlich erwiesen, dass sie entspannen und für Klarheit sorgen können. Außerdem haben wir eine gut duftende Box noch viel lieber stets in unserer Nähe.

Bitte mach dir bewusst, dass du schöne Dinge verdienst. Um Schönes dreht sich dieses ganze Buch – und das schließt dich mit ein.

Es ist genug für alle da

Wir leben in einer Welt der Fülle. Es gibt von allem – und für jeden – mehr als genug. Das ist keine Metapher, sondern die blanke Realität. Einem Bericht der UNO zufolge könnten wir alle Menschen, die auf der Erde leben, mit den Erzeugnissen unseres Planeten ernähren. Und zwar gut. Die Erde versorgt uns, das Universum ebenso. Nahrung, Geld und Zeit gibt es genügend. Und auch Liebe.

Trotzdem sieht es irgendwie nie so aus.

Und fühlt sich definitiv nicht so an.

Wir leben in einer Welt des Überflusses – getarnt als Mangel. Selbst diejenigen von uns, die am besten dran sind – und zu denen ich dich und mich auch zähle –, sind nie zufrieden. Wir geben uns alle Mühe und doch kriegen wir es nicht hin, denn ständig wünschen wir uns Dinge, die wir nicht haben, und vermissen etwas, was wir brauchen. Oder kennst du jemanden, bei dem das anders ist? Wann warst du zum letzten Mal zufrieden?

Wir versuchen, dieses Gefühl zu verbergen, pendeln wild zwischen Maßlosigkeit und Verzicht, was beides gesellschaftlich hoch im Kurs steht. Wir leben in einer

Boom-Bust-Wirtschaft, gefesselt von Diet Culture, niedergehalten von Patriarchat und Rassismus, geprägt durch derbe Zyklen von Dekadenz und Hungersnot. Speziell für Frauen sieht es oft so aus, als könnten wir nie gewinnen. Esst mehr, esst weniger; tut mehr, tut weniger; seid mehr, seid weniger. Du bist zu viel. Du bist nicht genug. Was wir auch tun, wer wir auch sind, für irgendwas müssen wir uns immer entschuldigen. Weil wir etwas haben, was wir verstecken sollten. Weil wir etwas haben, wofür wir uns schämen sollten.

Unsere Wünsche, Bedürfnisse und Ambitionen sollen wir verdrängen und unterdrücken. Sollen uns sowohl physisch als auch mental minimieren, sodass wir nicht zu viel Raum einnehmen. Bewusst oder unbewusst bekommen wir täglich signalisiert, dass wir das, was wir wollen, nicht verdienen.

Wir müssen anderen weichen: anderen den Vorrang geben, uns deren Wünschen und Träumen, ihren physischen Bedürfnissen beugen. Ob es sich dabei um Kinder, Kollegen, Mitbewohner oder Ehemänner handelt: Einer will was – und wir sollen es ranschaffen. Wir sollen den anderen das Leben erleichtern. Und wenn das auf unsere Kosten geht? Dann ist das eben so. Bist du es, die die Geburtstage deiner Mitbewohner im

Kopf hat? Bist du es, die im Büro die Kaffeebecher der Kollegen spült? Den Katzensitter anruft, das Bad putzt und an den Briefkasten geht? Schreibst du für die Klicks, während andere das Geld dafür einstreichen? Machst du Überstunden, um den Betriebsausflug oder die Weihnachtsfeier zu organisieren? Bist du es, die grundsätzlich zu jeder Tätigkeit bereit ist, auch wenn sie nicht in deinen Zuständigkeitsbereich fällt?

Bist du es, die zuhört, wenn andere reden?

Und hast du die Nase voll davon, so zu leben?

Du bist es wert

Diese ganzen unsichtbaren Arbeiten laugen dich aus – und das sollen sie auch. Denn sie sollen dafür sorgen, dass du an deinem angestammten Platz bleibst. Und dein Potenzial nicht voll ausschöpfst. Sie reiben dich so auf, dass dir der einfache Satz von Seite 7 unmöglich über die Lippen geht: »Ich kann alles haben, was ich will.«

Du kannst alles haben, alles erreichen, was du willst, ohne dich fragen zu müssen, ob du es verdienst. Du kannst es genauso schaffen wie andere auch. Du hast die Erfüllung deiner Wünsche und Ambitionen nicht weniger verdient als andere. Warum sollten nicht auch deine Bedürfnisse erfüllt werden? Warum solltest du nicht alles haben dürfen, was du dir wünschst? Welches Gefühl entsteht, wenn du all dies für möglich hältst?

Denn bitte: Glaub mir.

Du, die du dies liest, kannst alles erreichen, was du willst.

Sicher, leicht wird es nicht. Es wird dauern. Ich schlage sogar vor, dass du dir allein für das sorgfältige Lesen dieses Buches mehrere Wochen Zeit nimmst, um jedem Ziel, jeder Übung genügend Raum zu geben.

Magie ist keine im Spiel. Erforderlich sind vielmehr reichlich Arbeit, Zeit, Stärke und Entschiedenheit. Möglich aber ist es. Du kannst deine Wünsche manifestieren. Deine Träume verwirklichen. Und genau darum wird es in den nächsten Kapiteln gehen. Im Mittelpunkt steht jeweils eine kreative Visualisierung oder praktische Übung, die uns unserem idealen Ich und Leben näherbringt. Zwischen den Kapiteln legen wir eine Pause ein, in der du dich zentrieren und erden kannst.

Das Gesetz der Anziehung

Mit diesem *kleinen Buch des Manifestierens* möchte ich dich auch an eine der profundesten Erkenntnisse der Menschheit heranführen: Gleiches zieht Gleiches an.

Das ist das Gesetz der Anziehung.

Denken wir positiv, neigen die Dinge eher dazu, glattzulaufen. Geben wir uns überwiegend negativen Gedanken hin, empfinden wir das Erlebte als mehrheitlich unangenehm. Ganz einfach, oder?

Letztlich handelt es sich hier um eine Art angewandter Achtsamkeit: Wir müssen wahrnehmen, was ist, wo wir hinwollen und was geschehen muss, damit wir dieses Ziel erreichen.

Erstmals von sich reden machte das Manifestieren als Teil der Neugeist-Bewegung im 19. Jahrhundert. In Wirklichkeit ist der Gedanke jedoch schon viel älter. Denken wir nur an die Kulturen, in denen der Glaube herrschte, dass es den Teufel herbeiriefe, wurde auch nur sein Name genannt. Oder an die Gebete, die auf dem Vertrauen beruhen, dass wir alles, worum wir klar und entschieden bitten, auch bekommen. Unsere Gedanken und Gefühle verfügen über eine Macht, die wir alle instinktiv verstehen, wahrscheinlich aber weit unterschätzen.

Und wir *sollen* unsere Gefühle unterschätzen. Von klein auf wird uns beigebracht, dass alles andere wichtiger ist als das, was wir denken oder empfinden. Uns werden Grenzen gesetzt und Beschränkungen auferlegt; bewusst oder unbewusst lernen wir, wie unser Leben aussehen soll und dass unsere Träume nur Schäume sind. Unsere Herzenswünsche werden in Schuhkartons gezwängt und in den Dienst anderer gestellt. Mehr zu verlangen wäre gierig, unverschämt, egoistisch und unrealistisch, signalisieren sie uns. Lehrer rufen uns zu »mehr Bescheidenheit« auf, die Familie versucht, uns auf die Norm zurechtzustutzen oder lacht uns schlichtweg aus. Gefühle, heißt es, seien keine Fakten. Und dass sich die Fakten keinen Deut um unsere Gefühle scheren würden.

Das stimmt natürlich nicht. Fakten reagieren ständig auf Gefühle. Und verändern sich aufgrund von Gefühlen. Denk doch nur mal kurz nach. Natürlich beeinflussen Gefühle die Gegebenheiten unseres Lebens: Unsere Reaktion auf die Welt ist eine direkte Antwort auf die Gefühle, die wir ihr entgegenbringen. Wie wir uns der Welt präsentieren, bestimmt, wie sich die Welt uns präsentiert: Die Energie, die wir in eine Situation einbringen, kann diese Situation sehr wohl verändern. Die Reaktionen unseres Umfelds jedenfalls sicher.

Und das alles ist reiner Alltagsverstand. Kein bisschen magisch. Einfach die Wahrheit. Das Denken verändert unser Handeln; unser Handeln verändert unser Verständnis; dieses wiederum lässt unser Denken nicht unbeeinflusst. Kurz gesagt: Raus kriegen wir, was wir reinstecken.

Die Tücken des Schicksals

Das heißt nicht, dass du nie wieder leiden müsstest, wenn du anfängst zu manifestieren. Die grausamen Launen des Schicksals lassen sich nicht verhindern: Man kann etwa den Krebs nicht wegwünschen und der Trauer entkommt auf Dauer niemand. Das musst du dir von Anfang an klarmachen. Auch, weil die Ideen, die hinter dem Manifestieren stecken, oft benutzt werden, um die Verletzbarsten anzugreifen und ihnen zu schaden.

Besonders schlimm ist das für Menschen, die an psychischen Erkrankungen wie Zwangs- oder Angststörungen leiden oder sich gerade in einer Krise befinden. Wer von diesen Mentaltheorien profitieren will, muss sich eingestehen, dass sie mitunter auch Schaden anrichten. Wenn wir die Kraft dieser Ideen nutzen wollen, müssen wir also zunächst anerkennen, dass sie in beide Richtungen wirken können: zum Guten wie zum Schlechten.

Leider gerät das Manifestieren oft zu einem Instrument der Beschämung und Beschuldigung von Menschen, die es eh schon schwer haben. À la: Wenn wir rauskriegen, was wir reinstecken, heißt das etwa, Menschen, die an Krebs erkranken, hätten kanzeröse Gedanken in die Welt gesetzt? Und würden ihr Leiden – ihren frühen Tod – also irgendwie verdienen?

Oft tun wir uns das auch selbst an: Habe ich die schlimmen Dinge, die mir zugestoßen sind, womöglich mit meinen Gedanken heraufbeschworen? Ist mein Leiden also selbst verschuldet?

Die Antwort darauf lautet natürlich: Niemand hat es verdient zu leiden und der Tod ist keine »gerechte Strafe«. Früher oder später sterben wir alle. Und die Todesursache ist dem Zufall unserer Geburt geschuldet und allem, was danach kam. Warum Schlimmes passiert, weiß niemand. Niemand weiß, warum guten Menschen Böses widerfährt. Oder auch schlechten. Das Einzige, was wir wissen, ist: Es passiert täglich. Und ist jedes Mal herzzerreißend.

Jeder, der die Theorien, auf denen das Manifestieren beruht, nutzt, damit sich andere schlechter fühlen, missbraucht sie – und wird ohne jeden Zweifel selbst leiden müssen. Wenn du glaubst, jemand musste sterben, weil er einen anderen Glauben hatte als du, versuchst du dich damit nur vor der Angst zu schützen: Du läufst weg, versteckst dich, schaltest den Verstand aus. Das ist das genaue Gegenteil von allem, worum es in diesem Buch geht und wie es funktioniert.

Das Manifestieren gibt uns Hoffnung

Das Manifestieren kann den Einbruch der Dunkelheit nicht verhindern. Aber es kann uns helfen, das Licht anzuschalten. Manifestieren macht Hoffnung, gibt uns Kraft für kleine Veränderungen, die unsere Verfassung verbessern; es erleichtert das Durchhalten, Vorankommen und Empfinden von Freude. Feiern kann man auch auf der Krebsstation (da kenne ich mich aus) und lachen angesichts von Gefahr. Selbst bei Trauerfeiern sind Dankbarkeit und Freude möglich. Und der Funke der Hoffnung ist auch auf Intensiv spürbar. Begegnest du allem, was dir das Universum auftischt, in Gestalt deines besten Ichs, wird auch Schweres leichter: Eine gute Einstellung, klare Ziele, eindeutiges Handeln, solide Pläne, Selbstvertrauen, Flexibilität, Fokussierung und Aufgeschlossenheit machen alles gleich viel besser.

Die Techniken in diesem Buch lassen sich nutzen, um Klarheit in Gedanken und Ziele zu bringen. Keine Situation ist so grässlich, dass uns diese doppelte Klarheit nicht hindurchhelfen und zu einer Art Erleuchtung führen könnte. Diese macht das Leben lebbar und uns stärker. Sie nimmt uns die Angst – und die ist ja bekanntlich der ultimative Verstandeskiller. Sie hält uns zurück, wenn wir am dringendsten springen müssten; macht uns zum Schisser, verwirrt und unberechenbar. Angst bringt uns aus dem Konzept, obwohl das Leben doch auch so schon schwer genug ist. Damit wir bekommen, was wir wollen, müssen wir ganz bei uns sein. Und fest an uns glauben.

Das Manifestieren motiviert uns weiterzumachen und weist uns den Weg, wenn der Pfad einmal dornig, heikel und kaum zu erkennen ist. Manifestieren ist zur Landkarte gewordene Achtsamkeit: ergänzt um die Bereitschaft, den Weg einzuschlagen, den sie uns weist. Die Bereitschaft, uns zu zeigen.

Wir müssen uns zeigen – und zwar sowohl unser gegenwärtiges als auch das künftige Ich.

Bei den Übungen in diesem Buch handelt es sich im Grunde um eine Zusammenarbeit von dir und deinem künftigen Ich. Ich bin dabei nur der Kanal, der euch beide miteinander verbindet.

In diesem Buch geht es um euch beide: um dich jetzt

und um dein Ich der Zukunft, dem klar ist, wer es ist und was es möchte. Was es bereut und wofür es dankbar ist. Was es weiß. Und was zu wissen es dir wünschen würde. Es geht darum, was dieser starken, außergewöhnlichen Person am Herzen liegt; und was dieses andere, künftige Du deinem jetzigen Ich beibringen kann.

Im *Kleinen Buch des Manifestierens* geht es darum, diese Person ernst zu nehmen und sie zum Vorschein zu bringen. Schnapp dir also dein Journal und einen Stift. Und dann gehen wir los und lernen sie kennen.

Übung

Klärende Wechselatmung

Diese Meditation beruht auf einer altindischen Atemübung namens *nadi shodhana* (grob übersetzt: Reinigung der Energiebahnen). Generell ist uns sehr an Klarheit gelegen, besonders aber an gedanklicher. Um die Vergangenheit loslassen und die Zukunft begrüßen zu können, müssen wir eine innere Reinigung vornehmen. Mithilfe der klärenden Wechselatmung können wir das Alte verabschieden und das Neue zulassen. So werden wir unsere vorgefassten Meinungen los und öffnen uns unserem künftigen Ich. Diese Atemübung empfiehlt sich auch, wenn wir mal ein bisschen mehr Energie brauchen.

Optional: Wenn du wenige Tropfen stark mit neutralem Öl verdünntes Lavendelöl in die Spitzen von Daumen und Zeigefinger beider Hände einmassierst, hat das eine heilende Wirkung und verbreitet einen klärenden Duft. Wie wissenschaftlich erwiesen ist, hilft Lavendelöl bei der Entspannung – ist also ideal für die Arbeit, die wir vor uns haben.

Setz dich mit aufgerichteter Wirbelsäule bequem hin. Stell dir eine gerade Verbindungslinie zwischen Nacken und Steißbein vor.

Leg Zeige- und Mittelfinger oberhalb der Nase auf deine Stirn. Der entsprechende Punkt ist das Chakra des dritten Auges. Seine Öffnung stellt eine Vorbereitung auf spirituelles Erwachen und geistige Klarheit dar. Schau mit sanftem Blick oder schließ sogar die Augen. Gegebenenfalls atmest du den Duft des Lavendelöls ein.

Bedecke dein rechtes Nasenloch mit dem Daumen. Schließ den Mund.

Du atmest durch das offene Nasenloch ein und zählst dabei bis acht; und atmest auf dieselbe Art und Weise aus.

Dann nimmst du den Daumen von deinem rechten Nasenloch und bedeckst das linke mit dem Ringfinger.

Atme auf acht durch das offene Nasenloch ein und auf dieselbe Art und Weise auch aus.

Diese Art zu atmen wiederholst du zwölf Mal.

1 Glück und Freude

»Die meisten Menschen sind in etwa so glücklich, wie sie es sich vorgenommen haben.«

ABRAHAM LINCOLN

Frage: Was macht dich glücklich, was macht dir Freude? Lass dir mit der Antwort einen Moment Zeit.
Fang jetzt nicht mit Tagträumen an. Denn so weit sind wir noch nicht. Momentan geht es nicht um eine imaginierte Zukunft, sondern um das reale Hier und Jetzt. Und meine Frage ist nicht hypothetischer Natur. Ich frage nicht nach den Dingen, die dich glücklich oder dir Freude machen *könnten*, also nicht nach Träumen oder Wünschen, sondern nach etwas Wirklichem, Handfestem.
Ich frage: Was macht dich glücklich, was macht dir Freude?
Fällt dir sofort etwas ein, darfst du gern weiterblättern, wir treffen uns dann auf der nächsten Seite wieder. Sollte es dir allerdings gerade nicht so gut gehen, verschlimmert die Frage deine Verfassung vielleicht noch. Was stellt die Frage, was dich glücklich oder dir Freude macht, mit dir an? Versetzt sie dir einen Stich? Bringt sie dich durcheinander? Macht sie dich sauer? Vielleicht fällt dir partout nichts ein. Geht dir die Frage gegen den Strich? Womöglich denkst du: Wenn ich glücklich wäre, würde ich bestimmt kein Buch übers Manifestieren lesen … Was ja irgendwie auch stimmt. Trotzdem: Versuch einfach, dieses Gefühl einen Moment lang zuzulassen. Das Unbehagen, das du gerade empfindest, sagt etwas. Es ist ebenso wichtig, wie du wichtig bist. Fakten

sind keine Gefühle, Gefühle aber können durchaus Fakten sein. Die Tatsache, dass dir die von mir gestellte Frage unangenehm ist, macht dich zu der Person, für die dieses Buch geschrieben wurde: eine Person, für die das Manifestieren bestimmt ist. Du bist genau der Mensch, der von dieser Arbeit am meisten profitieren kann.
Ich spreche dich, unbekannte Freundin, die sich unbehaglich fühlt, direkt an, weil ich nicht möchte, dass du dich gleich am Anfang dieses Kapitels schon abwendest. Du hast hier so viel zu gewinnen und praktisch nichts zu verlieren – das weiß ich, weil dich die von mir gestellte Frage gestresst hat. Der Gedanke an mögliches Glück und eventuelle Freude versetzt dir einen Stich. Aber könntest du einen Moment innehalten und dich fragen, warum das so ist?

Finde etwas, was dich glücklich und froh macht

Eventuell lautet deine Antwort, dass dein Leben einfach totaler Mist ist. Die reine Ödnis ohne irgendetwas Schönes, Spannendes oder Interessantes. Das glaube ich dir aber nicht. Dir mag es so vorkommen, doch ich bin fest davon überzeugt, dass es in jedem Leben etwas gibt, was glücklich und froh macht: Menschen, Dinge, ein Sonnenuntergang, Reflexionen in Regenpfützen, ein pünktlich eintreffender Bus, ein köstlicher Kaffee. Das gilt auch für dich: Vielleicht ist es etwas, was deinen Blick einfängt; ein Gedanke; Sonnenstrahlen, die durch die Lamellen der Jalousie fallen; das winzige bunte Prisma, das das Licht auf den Sauerstoffmonitor zaubert; der Lavendelbusch am Ende der Straße, die auf dem Fensterbrett schlafende Katze. Ich weiß, dass es so ist, und du weißt es auch – denn du bist ja immer noch bei mir. Und ich möchte, dass du deinen Glücks- und Freudebringer findest. Unbedingt. Und dass du ihn auch als solchen wahrnimmst.

Deine gegenwärtige Stimmung prägt dein Mindset. Und dieses ist untrennbar mit deinem momentanen Leben verbunden. Das eine lässt sich nicht ohne das andere verändern. Wandel aber muss sein. Darum geht's hier. Das ist Sinn und Zweck des Manifestierens. Deshalb liest du dieses Buch. Die Zukunft können wir nicht manifestieren, ohne die Gegenwart zu verstehen: Denn unseren Zielen liegt immer etwas zugrunde, was uns momentan fehlt oder besonders am Herzen liegt.

Lass uns jetzt eine Übung zum Thema Glück und Freude machen, die uns zu unserer Ausgangsfrage zurückbringt: Was macht dich froh und glücklich? Dabei fangen wir ganz klein an.

Wo bist du gerade? Du liest dieses Buch und sitzt vielleicht im Bus oder bist in der Küche und hast Essen auf dem Herd. Eventuell stehst du in einer Buchhandlung und überlegst, ob das Buch wohl sein Geld wert ist. Aber wo du auch bist: Versuch dich jetzt bitte einen Moment lang zu erden. Und auch wenn es für dich das erste Mal oder das erste Mal seit Langem wieder ist: Nimm ganz bewusst wahr, wo du dich befindest.

Sollte dir das schwerfallen, versuch alle fünf Sinne einzusetzen. Das ist eine bekannte angstlindernde Technik, die dich gezielt und achtsam in die Gegenwart befördert. Und zwar, indem sie dich aus der grüblerischen, intellektuellen Seite des Hirns herausbringt und deine Aufmerksamkeit auf die körperlichen Empfindungen lenkt.

Atme tief ein und aus und such nach:

- fünf Dingen, die du sehen kannst
- vier Dingen, die du hören kannst
- drei Dingen, die du spüren kannst
- zwei Dingen, die du riechen kannst
- etwas, was du schmecken kannst

Anschließend suchst du in deinem Ambiente bitte etwas, was dir Freude macht. Etwas Konkretes, Materielles. Der Becher mit Tee, den du in der Hand hältst. Das Essen, das du auf dem Herd hast. Die Musik aus deinen Earphones. Deine neuen Schuhe. Dass du einen richtig schicken Kuli hast, der zudem sehr gut schreibt. Deine schöne Brille; eine Blumenvase; das Geräusch, das der Regen auf dem Dach erzeugt. Das schaffst du – auch wenn bei dir sonst alles totaler Mist sein sollte.

Liste auf, was dich glücklich und froh macht

Nimm jetzt bitte dein Manifestationsjournal (Seite 9) zur Hand und schreib auf die erste Seite einen Satz über das Ding, das dich glücklich und froh macht.
Vielleicht einfach: Dieser Becher Tee macht mir große Freude.
Dann erweiterst du die Aussage: Ich trinke gern aus diesem Becher, weil meine Tochter ihn mir geschenkt hat.
Und weiter: Dieser im Grunde hässliche Nikolausbecher macht mich froh, weil er mich daran erinnert, dass mein Töchterchen ihn auf einem Schulausflug im Weihnachtsshop für mich ausgesucht hat.
Oder vielleicht:
Ich mag das Geräusch, das der Regen auf dem Dach macht.
Ich mag das Geräusch des Regens auf dem Dach deshalb besonders, weil ich nicht draußen bin, sondern hier im Warmen.
Ich mag das Geräusch des Regens auf dem Dach, weil es mir klarmacht, wie dankbar ich dafür sein kann, dass ich dieses schöne Zuhause habe.
Oder auch:
Ich bin froh, dass dieser Kuli so gut schreibt.

Es macht mich froh, dass dieser Kuli so gut schreibt – normalerweise nehmen die Kollegen nämlich alle guten Stifte.
Ich freue mich deshalb sehr, dass dieser Kuli so gut schreibt, weil jemand an mich gedacht und ihn mir überlassen hat, der weiß, dass es sich um meinen Lieblingsstift handelt. Oder auch: Ich freue mich so, weil ich heute extra früh aufgestanden bin, um mir einen schönen Kuli zu kaufen, der wirklich gut schreibt.
Fällt dir auf, was passiert, wenn wir den Kreis um die Dinge, die uns freuen, erweitern? Genau. Es werden mehr. Und auch mehr *Gründe* zur Freude. Wir erfahren mehr über die Dinge, die uns glücklich machen, und manchmal auch darüber, was uns eigentlich glücklich macht. Nehmen wir unsere drei Beispiele: ein Becher Tee, Regen auf dem Dach und ein Kuli, der gut schreibt. Alles so kleine Dinge – die jedoch weit über sich hinausweisen.

Denn sie zeugen vom Stolz auf die Großzügigkeit der Tochter; auf Freunde und die eigene Wertigkeit. Auch zeugen sie womöglich von der Liebe zu unserer Familie; zum schönen Zuhause, von der Liebe zu uns selbst. Die kleinen Dinge sind in Wahrheit die ganz großen. Zeit, im Geschäft zu stehen und ein Buch auszusuchen ist Luxus; Geld und Gelegenheit, online Bücher zu bestellen, sind Luxus – der Besuch einer Bücherei ebenso. All diese Momente und die kleinen Dinge können Freude und Glück erzeugen. Zudem setzen sie eine Spirale in Gang: Sie verweisen auf weitere Dinge, die das Leben lebenswert machen.

Und nicht zuletzt zeigen sie uns, dass Freude und Glück Übungssache sind.

Wie alles, was es wert ist, getan und erlebt zu werden, verlangt auch das Froh-und-glücklich-Sein Training. Mit jeder Übungssession optimiert es sich. Aktiv nach Gründen fürs Freude-und-Glück-Empfinden zu suchen beruht auf einer bewussten Entscheidung. Und die kannst du jetzt treffen – in diesem Moment. Findest du einen Grund zur Freude, kannst du auch noch mehr finden.

Übung

Bodyscan

Leg dich bequem auf dein Bett oder Sofa und atme ein paar Mal tief ein und aus: ein durch die Nase, aus durch den Mund. Spür die Atemluft in Nase, Kehle und Lunge. Versuch, den Brustkorb zu weiten, dein Zwerchfell anzuspannen und die gesamte Luft anschließend durch den Mund wieder auszustoßen. Spüre, wie sich dein Oberkörper hebt und senkt.

Schließ am besten die Augen. Deine gesamte Aufmerksamkeit gilt dem Atem; mach dir aber nichts draus, wenn du gedanklich abschweifst. Alles ist gut. *Du* bist gut. Akzeptier dich so, wie du bist. Konzentriere dich dann wieder auf den Atem. Er dient hier als Anker und sorgt dafür, dass wir im Hier und Jetzt bleiben. Vertrau darauf, dass er dich da hält, wo du sein sollst.

Atme ein, atme aus. Sobald du ganz da bist – voll präsent im Fluss deines Atems, im Auf und Ab der Lunge –, richtest du die Aufmerksamkeit auf deine Physis. Wie geht es dir körperlich? Wie fühlt sich das Bett oder Sofa an, auf dem du liegst? Wo berührt dein Körper die weiche Unterlage? Wie stützt sie dich?

Nimm dir diese Zeit. Konzentriere dich auf die Stellen, an denen dein Leib die Liegefläche berührt, und auf die, an denen er mit sich selbst in Kontakt kommt.

Lenk diese Aufmerksamkeit dann auf zwei Punkte: deine kleinen Zehen. Hast du sie je bewusst wahrgenommen? Wahrscheinlich nicht. Hol das jetzt nach und stell dir vor, sie würden in warmem Licht baden. Leite dieses Licht dann weiter. Mal dir aus, wie es sich ausbreitet. Und mit ihm deine Aufmerksamkeit: Lenk sie nacheinander in all deine Zehen; in die Fußspanne und -sohlen, in die Fersen. Das Licht berührt deine Fußgelenke, bewegt sich langsam die Beine hoch: Waden, Knie, Oberschenkel und Hüften. Tut es irgendwo weh? Hast du Verspannungen? Druckgefühle? Achte darauf, was du empfindest – und was nicht. Atme tief und lenk das Licht im Rhythmus deines Atems weiter.

Leite es durchs Becken, die Sitzknochen und dann die Wirbelsäule hoch. Gefolgt vom warmen Licht bewegt dein Atem Rückgrat, Bauch und Brust.

Atme ein, atme aus. Fokussier dich auf das Licht; sobald deine Aufmerksamkeit abdriftet, besinnst du dich auf den Atem als Anker. Auf ihn kannst du so oft zurückkommen, wie du magst.
Das warme, liebevolle Licht erfüllt deine Brust und die Schultern. Oberarme, Trizepse und Ellbogen: alles voller Licht. Hände, Finger, Nägel und Fingerspitzen: in Licht und Atem getaucht. Liebe dich: Liebe jeden Teil von dir und jede Empfindung. Bedank dich bei deinem Körper. Liebe ihn. Und liebe die Bewegungen des Lichts.
Atme ein, atme aus. Lenk deine Aufmerksamkeit sukzessive wieder zurück – durch die Finger in die Hände; das Licht durchdringt deine Adern und Sehnen. Über die Arme geht's in die Schultern, in den Hals. Die Aufmerksamkeit und das warme, liebevolle Licht wenden sich deinem Gesicht, deinem Kopf zu. Nacken, Kehle, Kinn, Wangen; Mund, Nase, Augen, Ohren und Kopfhaut. Dann ist dein wunderbares Hirn an der Reihe, das alles am Laufen hält. Schenk ihm Licht; gib ihm deine Liebe; danke ihm. Weiter zu deinen Erinnerungen. Gefühlen. Atme ein, atme aus, bedank dich und fühl dich von deinem liebenden Licht gesegnet.

»Gott, gib mir die Gelassenheit, Dinge hinzunehmen, die ich nicht ändern kann, den Mut, Dinge zu ändern, die ich ändern kann, und die Weisheit, das eine vom anderen zu unterscheiden.«

GELASSENHEITSGEBET

2 Die Gegenwart annehmen

Versuchen wir's jetzt mal mit einer anderen Frage: Wofür bist du dankbar?

Dankbarkeit ist zwar nicht dasselbe wie Glück und Freude, steht jedoch in einer symbiotischen Beziehung zu ihnen: Je glücklicher und fröhlicher wir sind, desto dankbarer können wir sein. Aber auch umgekehrt wird ein Schuh daraus.

Und genau das ist bemerkenswert. Glück macht dankbar – klar. Dankbarkeit für etwas macht jedoch auch glücklich. Denn sie gibt uns den Impuls oder erinnert uns jedenfalls daran, dass wir uns über dieses Etwas freuen können. Und mehr noch: Sobald wir für etwas dankbar sind, öffnen wir unser Herz auch für andere Dinge, für die wir dankbar sein können; und je größer unsere Dankbarkeit, desto glücklicher und fröhlicher werden wir – mit positivem Effekt sowohl auf die physische als auch die psychische Gesundheit. Untersuchungen zeigen, dass Dankbarkeit der Schlüssel zu so ziemlich allem Guten im Leben ist. Fast alle Probanden von Dankbarkeitsstudien verzeichnen mehr Zufriedenheit und Freude in allen Bereichen: Beruf, Familie, Zuhause, die eigene Person. Indem wir die Dankbarkeit zum Mittelpunkt unseres Lebens machen, verbessern wir unsere Beziehungen, werden wir optimistischer, empathischer. Und Beziehungen, die auf Empathie beruhen, verändern die Welt zu unseren Gunsten.

Für erfolgreiches Manifestieren sind diese Faktoren entscheidend. Unsere mentale Verfassung ist eng mit der Art verknüpft, wie wir durchs Leben gehen. Und für Menschen, die eine überwiegend positive Einstellung haben, läuft alles viel glatter. Dankbarkeit erweitert ferner unser Wissen darum, was uns alles gegeben wurde. Und sobald uns das klar ist, können wir erkennen, dass wir alle Gunst, Liebe, Freundlichkeit und alles Glück der Welt wert sind. Und dann sind wir auch bereit, alles Gute anzunehmen, das wir bekommen können.

Wir bekommen (raus), was wir (rein-)geben

Dankbarkeit macht die mentalen Blockaden zunichte, die uns bremsen: Sie löscht den Teil von uns, der uns sagt, wir hätten keine Liebe verdient, und lacht darüber. Schau doch, was wir alles haben! Was für Glückskinder wir sind! Dankbarkeit öffnet das Herz für die Fülle. Und wer die Welt mit den Augen des Überflusses betrachtet, wird reich beschenkt. Du weißt ja: Wir bekommen, was wir reingeben. Und wenn wir Vertrauen und Fülle hineingeben … dann kommt so was eben von so was.

Das stimmt übrigens auch, wenn wir es gar nicht so recht empfinden. »Fake it till you make it« ist zwar kein besonders hübscher Slogan, aber auch nicht ganz verkehrt. Einer vergleichenden Studie von 2019 zufolge ist man umso glücklicher und fröhlicher, je mehr man lächelt. Und je missmutiger man dreinschaut, desto trauriger oder aggressiver ist man. Die Studie der University of Tennessee beruht auf 130 Einzeluntersuchungen verschiedener Wissenschaftler – da wird schon was dran sein. Der eigene Gesichtsausdruck kann uns also ausbremsen. Unsere Negativität potenziert sich – deshalb sollten wir unbedingt versuchen, so oft wie möglich zu lächeln.

Übung

Wofür du dankbar bist – eine Liste

Nimm dein Journal und schlag eine neue Seite auf. Sie und die folgenden sind der Dankbarkeit gewidmet. Arbeite dabei schnell und denk nicht zu viel nach.
Wofür bist du dankbar? (Sollte dir nichts einfallen, kannst du dich zunächst an deiner Glücksliste – siehe Seite 32 – orientieren.)
Wir füllen die Seiten mit Dankbarkeit an. Ja, genau. Findest du schwierig? Kann sein. Du kriegst es aber hin, versprochen! Aller Anfang ist schwer, doch die Dankbarkeit löst einen Schneeballeffekt aus. Du wirst die nächsten Seiten deines Journals immer leichter mit Dingen füllen können, für die du dankbar bist. Hier ein paar Ideen …

- *Freunde*
- *Familie*
- *Partner*
- *Wasser*
- *Zuhause*
- *Gesundheit*
- *Freuden*
- *Leidenschaften*
- *Projekte*

- *Beruf*
- *Leistung*
- *Nahrung*
- *Natur*
- *Liebe*
- *Sex*
- *Geld*
- *Leben*
- *Zeit*
- *Wärme*
- *Sinne*
- *Freiheit*
- *Geschichten*
- *Träume*
- *Hoffnungen*
- *ein weicher Pulli*
- *Fähigkeiten*
- *Musik*
- *Kunst*
- *ein heißes Bad*
- *ein kühles Getränk*
- *eine kuschelige Decke*
- *ein gutes Buch*

Wenn du Washi-Tape hast, kannst du jeden Stichpunkt auf ein Stückchen davon schreiben und es in dein Journal kleben. So veranschaulichst du deine Dankbarkeit in all ihrer Tiefe und Reichweite – die sich mit der Zeit noch vergrößern (wir kommen nämlich noch einmal auf diese Seite zurück). Dankbarkeit beeinflusst die psychische Gesundheit sowohl kurz- als auch langfristig positiv. Denn ihr Effekt ist mehrschichtig: Je größer die Dankbarkeit, desto tiefgreifender ist ihre Wirkung. Mit zunehmender Übung steigert sie sich – ähnlich wie Glück und Freude. Wenn wir unser Journal abgeschlossen haben, werden diese Seiten schier überquellen vor Dankbarkeit – als konkrete Erinnerung daran, warum wir das alles hier überhaupt tun.

Schreib darüber

Nicht allein Dankbarkeit hilft, sondern auch der Akt, über sie zu schreiben. Der sogar besonders. Für eine Studie der Universität Berkeley von 2018 sollten sich 300 Personen mit mentalen oder physischen Problemen überlegen, inwiefern die Dankbarkeit sie im Umgang mit ihrem Handicap unterstützen könnte. Die Probanden wurden in drei Gruppen aufgeteilt; alle erhielten Psychotherapie – die erste Gruppe ausschließlich, die zweite Gruppe sollte sich darüber hinaus schriftlich zu ihrer Thematik äußern und die dritte bekam neben der Psychotherapie den Auftrag, speziell über Dankbarkeit zu schreiben. Genauer gesagt sollten diese Personen täglich einen Brief an jemanden oder etwas verfassen, in dem sie ihre Dankbarkeit und Liebe zum Ausdruck brachten.

Wärst du überrascht zu lesen, dass sich das Wohlbefinden der dritten Gruppe am meisten verbesserte? Deren Teilnehmende schliefen besser, hatten weniger Schmerzen und fühlten sich insgesamt wohler. Wenn wir unsere Dankbarkeit zum Ausdruck bringen, werden wir vom Universum dafür belohnt. Übrigens mussten die Probanden ihre Briefe nicht einmal abschicken. Das reine Schreiben genügte schon. Denn dabei fokussierten sie sich auf Positives, brachten ihre Liebe zum Ausdruck – und erfuhren tatsächlich ein wenig Heilung.

Nicht zuletzt darum geht es beim Manifestieren: Um uns von negativen Selbstbildern befreien zu können, müssen wir alte Verletzungen und Traumata überwinden. Und im Kampf gegen das Leiden ist Dankbarkeit unsere schärfste Waffe. Im Zuge ihrer Studie verglichen die Berkley-Forschenden die Briefe der Gruppe drei mit denen der Gruppe zwei. Sie stellten fest, dass in ersteren mehr positive und erheblich weniger negative Wörter verwendet wurden. Ihr Schluss daraus: Genau dieses Fehlen von Negativität war für das verbesserte Wohlbefinden der Teilnehmenden der dritten Gruppe ursächlich. Sie hatten negative Überzeugungen ebenso abgelegt wie Schmerzen und schienen eher in der Lage, sich eine erfreulichere Zukunft vorzustellen.

Das auf die Gegenwart bezogene »kreative Imaginieren« von Dankbarkeit ließ sich auch auf die Zukunft anwenden. Der physische Akt des Aufschreibens ermöglicht uns die künstlerische und emotionale Neugestaltung unserer Lebensgeschichte – und das nenne ich Manifestation.

Erinnerst du dich an die Journal-Übung mit dem Washi-Tape? Das Tolle an einer nachhaltigen Dankbarkeitspraxis ist, dass sie es uns ermöglicht, unsere Fortschritte – die sich sukzessive vermehrende Dankbarkeit – zu erkennen und zu spüren: was eine konkrete Bestätigung unserer Überzeugung ist, dass wir Überfluss und Liebe wert sind. Außerdem können wir in schlechteren Tagen auf diese sehr reale Quelle von Freude und Stärke zurückgreifen und uns von ihr aus der Düsternis in hellere Gefilde tragen lassen. Etwas Greifbares in deinem Journal, an dem du dich festhalten kannst, verändert vieles. Und daran wollen wir noch ein bisschen weiterarbeiten.

Dafür gibt es zwei Möglichkeiten. Die erste ist eine Fortführung unserer Journal-Übung. Sollte dich diese jedoch überfordern, kannst du Folgendes versuchen …

Übung

Ein Glas voll Dankbarkeit

Das Schöne an dieser Übung: Sie eignet sich für zwei (oder auch mehr!) Mitspielende.

Das Manifestieren ist größtenteils eine eher einsame Aktivität … die Einbeziehung anderer (insbesondere der Menschen, die du dir auf dieser Reise als Begleitung wünschst), kann jedoch eine große Hilfe sein. Mit jemandem über das Anliegen, sich besser zu fühlen, sprechen zu können, motiviert und unterstützt dabei, auch in schlechten Zeiten am Ball zu bleiben. Zudem macht die Zusammenarbeit mit einem Partner Spaß und eignet sich (anders als die meisten anderen Übungen in diesem Buch) gerade auch für Kinder – stellt sie doch eine schöne Einführung in die Welt des Manifestierens dar.

Das Ausgangsmaterial ist supersimpel: Du brauchst nur ein größeres Glas und einen Ort, an dem es gut sichtbar stehen kann. Vielleicht bemalst du es mit Plakat- oder Acrylfarbe, um es hübscher zu machen. Oder du schreibst einfach mit einem dicken Filzstift DANKBARKEIT darauf. Du kannst das Glas auch mit Washi-Tape bekleben. Oder es gänzlich unverziert lassen. Jedenfalls würde ich empfehlen, irgendwas zu tun, was dieses Gefäß zu etwas für dich ganz Besonderem macht. Dass das Etikett »Gewürzgurken« weg muss, versteht sich! (Willst du ein Kind in diese Arbeit involvieren, spann es am besten jetzt schon ein, damit es sich von Anfang an einbezogen fühlt.)

Zudem benötigst du entweder einfache Eisstiele aus Holz oder einen kleinen Stapel Papierstreifen. Da sich diese beliebig falten lassen, sind sie zur Wahrung deiner Privatsphäre besser geeignet; mehr Spaß macht es aber, die Eisstiele »durchzublättern« – dein persönliches Rolodex der Dankbarkeit.

Täglich nimmst du dir nun einen Papierstreifen oder Eisstiel und schreibst etwas darauf, wofür du dankbar bist. Nur einen Punkt. Dann wirfst du Stiel oder Papier ins Glas – und das war's auch schon. Am besten integrierst du diese Dankbarkeitsübung in deinen Alltag und führst sie entweder gleich morgens oder abends vor dem Schlafengehen durch.

Ein Funken Dankbarkeit. Ein kleines Gebet für die Orte, Menschen und Dinge, die du liebst.

Übung

Das Dankbarkeitsjournal

Diese Übung ähnelt der vorherigen. Nur dass du hierbei in deinem Journal arbeitest und deshalb mehr Platz zum Kreativsein hast. Außerdem notierst du drei Dinge statt nur eines.
Auch diese Übung gestaltest du zu einem kleinen Ritual. Da sie privaterer Natur ist, eignet sie sich gut für die Abendstunden: Du brühst dir einen Kräutertee auf, zündest eine Kerze an und stellst dir einen Timer auf fünf Minuten. Diese Annehmlichkeiten sind kein unnützes Beiwerk, vielmehr intensivieren sie die Wirkung der Übung. Denn um glücklich und froh sein zu können, musst du glücklich und froh sein *wollen*.
Hol einmal tief Luft: Atme Liebe, Wahrheit und Frieden ein. Atme mit der frischen Luft in deinem Raum und der Zeit, die du dir hier nimmst, auch alles ein, wofür du dankbar bist. Mach dir beim Schreiben bewusst, wie gut du es hast. Alles an diesem Moment ist ein Geschenk.

Schlag dein Journal auf, geh die Glücksliste (Seite 32 hier im Buch) und die Dankbarkeitsliste (Seite 42) durch. Nimm deinen Stift zur Hand und schreib.

Nimm dir dafür jeden Abend fünf Minuten Zeit. Und zieh nach einer Woche eine erste Zwischenbilanz: Welche Erfahrungen hast du mit der Übung gemacht? Wie fühlst du dich? Und wie nach einem Monat? Einem Jahr?

Wir sind hier nicht auf schnelle Lösungen aus. Sondern wollen lediglich eine offene Haltung kultivieren, die die Welt willkommen heißt. Wir wollen unsere Reaktionen auf das Leben verändern und auf das, was es für uns in petto hat. Wir signalisieren unsere Aufgeschlossenheit für Überfülle. Und für Freude.

Diese Übungen gehen natürlich auf Dankbarkeitsstudien zurück und entstammen nicht der Manifestationswissenschaft, die eigentlich noch kaum existiert. Doch stellt Dankbarkeit – wie auch Achtsamkeit – eine Manifestation dar. Die Kraft des Geistes zur Selbstheilung ist dieselbe Kraft, derer wir uns bedienen, um unser Leben nach Gusto zu gestalten. Das Schreiben über Dankbarkeit verstärkt unsere Dankbarkeit. Das Schreiben über Glück und Freude macht uns glücklicher und freudiger. Denn wir selbst erschaffen uns die Wirklichkeit, in der wir leben wollen.

Ja, das ist so. Paare, die sich Zeit dafür nehmen, einander dankbar zu sein, können offenbar auch besser miteinander kommunizieren. Diese Partner können Probleme ansprechen und Veränderungen einfordern – ohne das Gefühl aufkommen zu lassen, der Himmel würde einstürzen. Menschen, die in Worte fassen können, was sie am Partner lieben, fühlen sich viel sicherer in ihrer Beziehung; und aus dieser Sicherheit resultiert eine größere Fähigkeit zur Flexibilität, zur Veränderung und dazu, Veränderungen anzustreben.

Wir brauchen diese Sicherheit, diese Flexibilität. Vor allem aber die Veränderung. Wir sind hier zusammengekommen, um uns gemeinsam zu wandeln: um jenes künftige Ich zu werden, das wir schleunigst kennenlernen möchten. Und in dieser Fülle der Liebe ist dies vielleicht schon ganz bald der Fall.

3 Die Zukunft willkommen heißen

»Ein Traum ist unerlässlich, wenn man die Zukunft gestalten will.«

VICTOR HUGO

Stell dir vor, du sitzt in einem Café.

Du befindest dich in einer fernen Zukunft, die du dir so futuristisch vorstellen kannst, wie du magst. Vielleicht bist du in einer Kolonie auf dem Mond. Wenn du auf so was stehst, tragen die Leute dort alle Raumanzüge. Sie trinken Proteinshakes aus Folienpacks. Du blickst auf ein erfülltes Leben zurück, dessen letzte Etappe jetzt angebrochen ist.

Mal dir die Szene so detailliert aus wie möglich. Stell dir vor, was du siehst, hörst, schmeckst. Im Café ist viel los.

(Du machst das nicht ohne Grund: Das kreative Imaginieren setzt wie alles andere auch Arbeit und Übung voraus. Es mag wie ein albernes kleines Spiel aussehen, ist aber sehr hilfreich, denn es gibt uns einen Rahmen vor, in dem sich die Fantasie austoben kann. Einen Spielplatz und Spielzeug: Raumanzüge, das Café auf dem Mond, Proteinshakes aus Folienpacks. Du verstehst: Je besser wir unsere Vorstellungskraft schulen, desto leichter fällt uns das Manifestieren unserer Wünsche, wenn es dann so weit ist.)

Da sitzt du nun also und pickst an deinem gefriergetrockneten Astro-Brunch, als du im Rauschen der Hintergrundgespräche mit einem Mal deinen Namen hörst. Am Nebentisch wird über dich gesprochen.

Da die Leute nicht wissen, dass du da bist, nehmen sie kein Blatt vor den Mund. (Du sitzt vielleicht hinter einer großen spacigen Topfpflanze oder einem lunaren Raumteiler.) Sie sprechen über dein langes, erfülltes Leben; über deine Erfolge und darüber, wie leicht bei dir alles aussieht. Dass du so vieles geschafft hast, an dem andere gescheitert sind. Was für eine Inspiration du bist. Was für ein tolles Leben du geführt hast (erst auf der Erde, nun ganz offensichtlich hier auf dem Mond). Deine Leistungen, die Hürden, die du genommen hast, vor allem aber dein Charakter.

»Sie hat alles gegeben«, sagt jemand, »und sich durch nichts und niemanden aufhalten lassen.«

»Ja, sie hat sich alles hart erarbeitet«, bestätigt eine andere Person. Und fügt hinzu … ja, was? Was sagt sie noch?

Was würdest du sie als Nächstes gern über dich sagen hören?

Was hätte sie über dich wissen sollen?

Was würdest du am allerliebsten über dich hören?

Natürlich mutet das Gespräch auf dem Mond lustig an; dabei ist es (unter der Bezeichnung Lauscher-Übung) eigentlich eine ziemlich ernste Angelegenheit: ein wichtiges Visualisierungstool, das uns hilft, unser künftiges Ich zu realisieren. Angenommen, jemand würde über deine persönliche Zukunft sprechen: Was sollte er oder sie sagen?

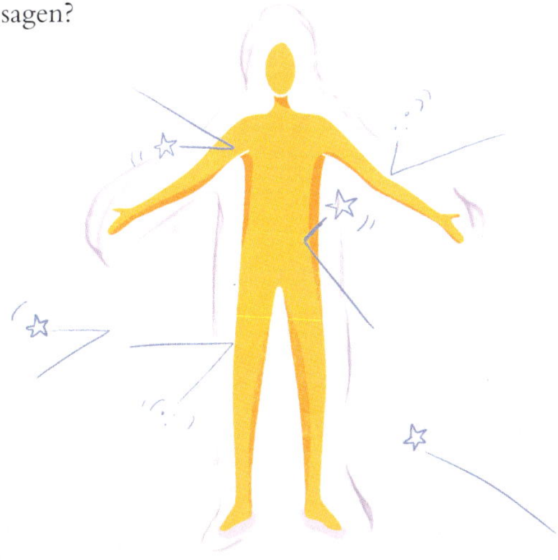

Stell dir vor, du schlägst eines Morgens die Tageszeitung auf und stößt darin auf ein Foto von dir. Dann fällt dir auf, dass du dich auf der Seite mit den Nachrufen befindest. Über deinem Foto steht die Zeile

Der Kaufmann des Todes ist tot

Du wendest dich dem Nachruf zu und liest: »Mister Nobel, dessen Leben der Suche nach neuen Tötungsmöglichkeiten gewidmet war …«

Diese Überschrift sprang Alfred Nobel eines Herbsttages im Jahr 1888 bei der morgendlichen Zeitungslektüre ins Auge. Sein Bruder Ludvig war verstorben und aufgrund einer Verwechslung hatte die Redaktion den falschen Lebenslauf veröffentlicht: den von *Alfred* Nobel. Und der fiel vernichtend aus. Als Chemiker und Erfinder hatte er neben anderen todbringenden Dingen auch das Dynamit entwickelt. Das Geld, das er damit verdiente, steckte er in die Produktion von Stahl, Kanonen und einem neuen rauchfreien Sprengstoff. Sein Vermächtnis. Bis dahin.

Erschüttert realisierte Nobel, dass er damit nicht leben konnte – und widmete den Rest seines Lebens sowie fast sein gesamtes Vermögen der Einführung der Nobelpreise. Natürlich auch der des Friedensnobelpreises. Er wollte sich ändern. Er wollte das Bild verändern, das die Öffentlichkeit von ihm hatte, und anders in Erinnerung bleiben. Der Nachruf, der ihm vorschwebte, entsprach in nichts den Zeilen, die er in der Zeitung gelesen hatte. Und als er sich das eingestand, erkannte er auch, dass er sein Leben würde drastisch verändern müssen.

Nun überleg mal:

Wie wünschst du dir deinen Nachruf?

Und wie würde er wohl lauten, müsstest du morgen sterben?

Makabere Frage? Vielleicht. Aber wichtig, um erkennen zu können, wie nahe du der Erreichung deiner Lebensziele schon gekommen bist.

Was würde heute in der Überschrift stehen?

Und wie hättest du sie gern?

Was muss sich ändern, damit dieser Wunsch in Erfüllung geht?

Oder anders gefragt:

Für welche Werte stehst du?

Persönliche Grundwerte

Das Wort »Werte« ist so eine Sache. Weil es sich schwer fassen lässt. In unserem Zusammenhang aber verstehen wir unter »persönlichen Werten« die Eigenschaften, die wir an uns und anderen mögen und die uns zu »guten« (im Gegensatz zu »schlechten«) Menschen machen.

(So eindeutig zwischen »guten« und »schlechten« Menschen zu unterscheiden ist ziemlich heikel. Aber sei's drum. Wir tun einfach mal so, als wäre das Leben schwarz-weiß.)

Jetzt geht's also um deine Verhaltensstandards und Leitprinzipien. Um die Werte, die du an anderen schätzt und denen du selbst versuchst gerecht zu werden. Sobald wir unsere Werte zu definieren versuchen, fassen wir die Parameter eines guten Lebens zusammen. Ziele können wir uns erst setzen, wenn wir uns der dahinterstehenden Werte bewusst sind. Und manifestieren lässt sich nichts, solange wir nicht wissen, warum wir es eigentlich wollen.

»Ich möchte reich werden« stellt keine Motivation dar. »Ich möchte meiner Mutter ein Haus kaufen, damit sie einen sicheren und annehmlichen Lebensabend hat« dagegen ist spezifisch, hilfreich und Erfolg versprechend.

Um unsere Grundwerte erweitert, lässt sich dieser Satz auch so formulieren: »Ich möchte mich genauso um meine Mutter kümmern, wie sie sich immer um mich gekümmert hat; denn Loyalität und Fürsorge sind mir sehr wichtig.« Die so erzählte Geschichte hat das Potenzial, uns zu einem besseren Menschen zu machen.

Eine Person, die sich ihrer Grundwerte bewusst ist, kennt sich selbst; eine Person, die sich an diesen Grundwerten orientiert, ist sich in Eigenliebe verbunden. Eine Person, die sich selbst liebt, ist selbstständig, engagiert, motiviert, leistungsfähig und kompetent. Sie schafft viel. Kriegt Dinge geregelt. Und bekommt, was sie möchte.

Übung

Grundwerte – eine Schlagwortwolke

Nimm wieder dein Journal zur Hand. Wir wollen eine Schlagwortwolke deiner Grundwerte zusammenstellen.

Denk einmal an die Dinge zurück, für die du dankbar bist; schau dir speziell noch mal die Glücksseiten (ab Seite 29) an. Wofür stehen die einzelnen Punkte? Welche Werte kommen in den Dingen zum Ausdruck, die uns glücklich und froh machen, und in denen, für die wir dankbar sind? Auf welchen Werten beruhen sie? Wie haben wir sie erreicht?

Für den Anfang findest du auf der nächsten Seite ein paar Ideen. Welche sagen dir zu? Was hat dich schon einmal glücklich und froh gemacht? Was hat Dankbarkeit bei dir erzeugt? Auf welche Begriffe könntest du dein Leben ausrichten?

Nachdem du sie aufgeschrieben hast, frag dich: Wovon willst du mehr? Was sollte im Weltraumcafé über dich gesagt werden können? Was soll in deinem Nachruf stehen?

Altruismus
Anpassungsvermögen
Aufgeschlossenheit
Aufmerksamkeit
Bescheidenheit
Dankbarkeit
Durchsetzungsvermögen
Ehrlichkeit
Eigenständigkeit
Einzigartigkeit
Empathie
Entschiedenheit
Familie
Flexibilität
Freundlichkeit
Fürsorge
Geduld
Gelassenheit
Genügsamkeit
Großzügigkeit
Hartnäckigkeit
Hilfsbereitschaft
Hoffnung
Humor
Integrität
Intellekt
Loyalität
Mitgefühl
Mut
Nachhaltigkeit
Persönlichkeitsentwicklung
Rücksichtnahme
Sanftheit
Selbstachtung
Selbstlosigkeit
Spiritualität
Toleranz
Verbesserungswille
Verlässlichkeit
Vertrauenswürdigkeit
Wertschätzung
Wohlbefinden

Bislang ging es in diesem Kapitel um die ferne Zukunft. Wir haben über die letzte Phase deines Lebens gesprochen und dich gedanklich in einem Raumanzug auf dem Mond angesiedelt. Was aber ist zwischen jetzt und dann? Warum haben wir diesen Teil übersprungen?

Ganz klar: weil er der schwierigste ist. Mit etwas Abstand – sagen wir dem zwischen Erde und Mond oder Leben und Tod – fällt es leichter, das werteorientierte Ich zu imaginieren, das wir so gern wären. Diese Person kann so fehlerfrei sein, wie wir mögen; denn die Kluft ist so tief, dass unser Selbstbild von keinem Zweifel und keiner Furcht getrübt wird. »Realistisch« muss das Loblied, das im Weltraum auf uns gesungen wird, in keiner Weise sein.

Denn wenn wir versuchen, unser Potenzial »realistisch« einzuschätzen, heißt das in Wirklichkeit oft, dass wir uns einschränken. Und an alles denken, was wir vermeintlich nie erreichen oder schaffen können. Warum also den Spieß nicht umdrehen: in einer sternenhellen Welt beginnen, in der uns alles gelingt, was wir uns je erträumt haben, und uns von dort aus vorarbeiten?

Sobald wir wissen, wo wir hinwollen und wo wir uns aktuell befinden, können wir beginnen, die Route der Reise zu skizzieren, auf die wir uns begeben wollen. Und nachdem der erste grobe Entwurf vorliegt, können wir die Zwischenstationen einplanen. Dabei handelt es sich um die Erfolge, die wir uns erhoffen und – Arbeit, Zeit sowie Glück vorausgesetzt – auch haben werden: in zwanzig, zehn, fünf, in einem Jahr. Zwischenstationen, die für die ältere Person im Weltraumcafé zu schönen Erinnerungen geworden sind. Bleib doch jetzt ein bisschen bei diesem deinem künftigen Ich und lass dich auf es ein.

Versuch dich wirklich in diese Person einzufühlen – eventuell unter Zuhilfenahme der Fünf-Sinne-Übung von Seite 30 – und in die Haut deines künftigen Ichs zu schlüpfen.

Ich möchte, dass du alles weißt, was dein künftiges Ich weiß; alles sehen kannst, was es sieht; dass du seine Erinnerungen teilst. Erinnere dich, wie es war, als es dein Alter hatte; als es ein Jahr älter war als du; fünf, zehn, zwanzig Jahre älter.

Versuch es dir vorzustellen: Ich erinnere mich …

Was kommt dir in den Sinn? Was meinst du: An welche Leistungen, Ziele, Erfolge und schönen Momente erinnert sich dein künftiges Ich wohl? Welche Erinnerungen würdest du ihm wünschen? Im Weltraumcafé werden die Umgebungsgeräusche leiser. Derweil erinnert sich dein künftiges Ich an sein Leben, das auch deines sein wird. Welchen Tagträumen gibt es sich hin? Und du? Welche Träume teilt ihr und auf welchen gemeinsamen Werten beruhen sie? Erinnere dich an diese Momente, als hättest du sie selbst bereits erlebt.

Vielleicht möchtest du diese Momente sogar schriftlich festhalten. Manche Leute empfinden einen solchen »Eintrag meines künftigen Ichs« in ihrem Journal als hoch motivierend. Datiere die Seite auf heute in einem Jahr und schreib so, als wäre alles, was du dir erhoffst, bereits eingetreten.

Liebes Tagebuch, was für ein Jahr!

Übung

Mein künftiges Ich – eine Meditation

Zünde eine Kerze an und schalte alle Lampen aus. Atme ein, atme aus und konzentriere dich auf die Kerzenflamme.

Zähle in Gedanken bis vier, während du ausatmest; in der Atempause ebenfalls bis vier. Genauso dann beim Einatmen. Das ist die Box- oder auch Quadrat-Atmung. Du kannst sie dir dadurch leichter machen, dass du dir ein Quadrat vorstellst, bei dem jede Seite für einen Teil des Atemzuges steht. Die Box-Atmung trägt zur Beruhigung des Nervensystems bei und versetzt uns in einen ruhigen Zustand der Dankbarkeit.

Stell dir nun vor, dein künftiges Ich säße dir gegenüber. Ihr seid nicht identisch, aber doch verwandt. Beide konzentriert ihr euch auf die Kerzenflamme, die für eine Art Zeitreise steht, und erlebt diesen starken, magischen Moment zusammen.

Drückt einander eure Dankbarkeit aus. Sag du zuerst: Ich bin dir, künftiges Ich, dankbar dafür, dass du mir den Weg weist; auch für deine Geduld mit mir, die ich noch jung bin und viel vor mir habe. Ich bin dir für alles dankbar. Für …

Sprich dann als dein künftiges Ich: Ich bin dir, gegenwärtiges Ich, für deine Bereitschaft dankbar, dich zu zeigen. Ich danke dir für die Arbeit, die du hier investierst. Ich bin dir für alles dankbar. Für …

Es ist fast wie ein Gebet, das du an dich selbst richtest. Doch du musst an keine höhere Macht glauben, um manifestieren zu können; da gibt es nichts Magisches, nur deine Grundwerte und Träume. Diese Zeit gehört ganz dir.

Atme ein, atme aus. Atme so, dass die Flamme zwischen euch beiden ruhig bleibt. Atme Dankbarkeit ein, Dankbarkeit aus. Alles, was wir der Welt geben, erhalten wir von ihr zurück. Und jetzt, in diesem Moment, besteht die Chance einer Feedbackschleife zwischen Gegenwart und Zukunft. Wir sind immer alles auf einmal: ein älterer Mensch, ein jüngerer, wir im Hier und Jetzt. Die gegenwärtige Dankbarkeit bringt künftige Freude hervor; künftige Freude erschafft momentane Dankbarkeit. Zeit ist nichtig, Raum ist nichtig. Da sind nur die Flamme, der Atem und Dankbarkeit.

»Wir hören nicht auf zu spielen,
weil wir alt werden; wir werden alt,
weil wir nicht mehr spielen.«

George Bernard Shaw

4 Die Vergangenheit wertschätzen

Dieses Kapitel ist ein Spielplatz. Herzlich willkommen!

In den ersten drei Kapiteln haben wir viel gelernt: über Grundwerte, Dankbarkeit und unsere gegenwärtige Verfassung. Wir sind dem künftigen Ich begegnet, das wir uns zu werden wünschen, haben uns mit unserem gegenwärtigen Leben befasst und vieles gefunden, für das wir dankbar sein können. Jetzt wissen wir schon, wer wir sind und wer wir sein wollen.

Die Frage ist nur:

Was weißt du noch nicht?

Wir glauben zu wissen, was wir wollen. Und vielleicht ist das auch so … aber sonst? Was ist mit den Dingen, die wir nie auch nur in Betracht gezogen haben? Was schließt unsere – neue – Sicherheit aus? Was verbergen die festen Vorstellungen vom Erfolg, die wir jetzt haben, vor uns?

Behalt diese Frage im Kopf, während wir im Buch weitermachen und versuchen, ein wenig spielerische Kreativität in dein Leben zu bringen. Dieses Kapitel ist voller Überraschungen und Glanz – denn in diesem quasi heiligen Spielraum voller Prickeln, Kreativität und Chaos beruht alles auf Bewegung, Action und Spaß. Wer weiß, was du darin wohl alles entdeckst? Was in dir zum Vorschein kommt, sobald du aus den strikten Begrenzungen deiner selbst heraustrittst?

Ich bestehe darauf, dass du dich wirklich und wahrhaftig auf dieses Kapitel einlässt. Selbst – oder gerade –, wenn du es dir eigentlich nicht zutraust. Wenn du nicht »kreativ« bist. Nicht »künstlerisch veranlagt«. Dieses Kapitel ist für dich: für die erwachsene Person, die vergessen hat, wie man Dinge erfindet oder sich was ausdenkt.

Du hast dich mit dem Fantasieraum im Café auf dem Mond schwergetan? Dann ist dieses Kapitel jetzt genau das Richtige für dich. Bitte, mach mit. Lass dich darauf ein.

Ganz besonders ist dieses Kapitel auch für die Perfektionistinnen unter uns gedacht: für alle, die nur 100 Prozent kennen und sich keinen Makel verzeihen. Im Folgenden werden sie sich mit Fehlern anfreunden müssen; damit, dass die Dinge nicht immer einwandfrei und tadellos sind. Sie werden sich an den Umgang mit Schere und Klebstoff gewöhnen müssen, werden ausschneiden, aufkleben und malen. Sich vielleicht sogar einen Gelstift zulegen …

Unser inneres Kind braucht Zuspruch

Nachdem wir Gegenwart und Zukunft bereits freundlich angenommen haben, müssen wir auch die Vergangenheit willkommen heißen: Unser kindliches Ich braucht Ausdrucksmittel und Raum, um zu gedeihen. Besonders wenn es dir seinerzeit daran fehlte.

Das innere Kind, das jeder von uns hat, muss spielen können. Es braucht Liebe, Fürsorge, Aufmunterung, Zeit und Zuneigung und stellt den Teil des Unbewussten dar, der klein und bedürftig bleibt. Bist du je aus der Haut gefahren oder den Tränen nahe gewesen, wenn du dich im Stich gelassen gefühlt hast? Empfindest du manchmal eine irrationale Angst? Verhältst du dich mitunter wie eine Klette, fühlst dich hilfsbedürftig und ängstlich, obwohl du genau weißt, dass du eigentlich loslassen und deiner Wege gehen solltest? Da meldet sich dein inneres Kind. Das manchmal Angst hat, weil es noch so klein ist. Oder aber, weil es in der Vergangenheit gefangen ist und nicht davon loskommt. Oft wissen wir nicht, wie seine Gefühle zum Ausdruck gebracht werden können; und so bleibt es im Dunkeln, unverstanden und wie gefesselt. Es ist einsam in deinem Unbewussten. Und es versteht die Erwachsenenwelt nicht, in der du lebst. Solltest du eine schwere Kindheit gehabt haben – gemobbt oder vernachlässigt worden sein –, so weiß es nicht, dass diese Zeit vorbei ist.

Es agiert tief in deinem Inneren, sorgt dafür, dass du an bestimmten Dingen – wie Vorstellungen und alten Mustern – festhältst und nicht davon ablassen kannst. Weil es ihm das Gefühl einer gewissen Sicherheit vermittelt.

Um weiterzukommen, müssen wir unser inneres Kind verwöhnen. Uns des kleinsten, verwundbarsten Teils von uns mit weiser Zärtlichkeit annehmen. Wir müssen dem verborgensten Teil unserer Seele die Liebe entgegenbringen, die wir für ein verletztes Kind aufbringen würden, dessen ganze Hoffnung wir sind. Wir müssen uns um uns kümmern, müssen uns wahrhaft lieben, zugewandt und respektvoll. Andernfalls bleibt unser inneres Kind im Dunkeln und keine äußere Bestätigung dringt zu ihm durch. Solange wir uns nicht lieben, geht nichts weiter. Und ans Manifestieren brauchen wir gar nicht erst zu denken, solange uns unser inneres Kind in Geiselhaft hält. Was braucht es? Was wünscht es sich?

Das Folgende funktioniert nicht auf Befehl. Sollte sich aber demnächst wieder eine dieser unreifen, verzweifelten Emotionen bemerkbar machen: Halt einen Moment inne. Tu so, als würdest du dich um ein (reales) Kind kümmern, das einen Wutanfall hat. Frag dein Inneres: Hey, Süße, was brauchen wir gerade? Was fehlt dir momentan? Sprich dich voller Mitgefühl an; respektier deine Grenzen; gib dir klare Instruktionen. Bring dein inneres Kind irgendwo in Sicherheit; erkläre ihm genau, was Sache ist. Liebe es. Pampere es. Lass es spielen.

Das Manifestieren gleitet leicht in die Welt der »toxischen Positivität« ab; verhindern können wir das unter anderem dadurch, dass wir unserem inneren Kind die Möglichkeit geben, sich spielerisch auszudrücken. Mit »spielerisch« meine ich, dass wir es Freude empfinden und Dinge »einfach nur so« machen lassen: ein Spaziergang im Park. Malen. Tanzen. Spielen ist so vielem förderlich: Es gibt uns den nötigen Endorphin-Boost, stimuliert den Geist und regt die Fantasie an. Was wissen wir nicht? Was kann uns das Spiel geben? Was finden wir wohl heraus, wenn wir Dinge »nur zum Spaß« machen?

Spielen stärkt unsere Beziehungen

Setz dich mal mit deinem kindlichen Ich in Verbindung (und notiere dazu gern etwas in deinem Journal). Was hast du früher gern gemacht? Worüber hast du dich gefreut? Was und wie hast du gespielt?

Überlegen wir mal, wie du diese Aktivitäten in dein Erwachsenenleben integrieren kannst.

Wahrscheinlich hast du gern mit anderen Kindern gespielt. Nimmst du dir momentan genügend Zeit für die Pflege deiner Freundschaften? Könntest du ihnen größere Priorität einräumen? Dich einmal die Woche zum Tanzen verabreden, dich auf einen Kaffee mit Leuten treffen? Du könntest auch einen neuen Kurs belegen oder mit anderen ein Hobby pflegen, das dich schon lange interessiert. Wie nichts sonst stärkt das Spielen unsere sozialen Beziehungen, die uns auch mit der Welt verbinden.

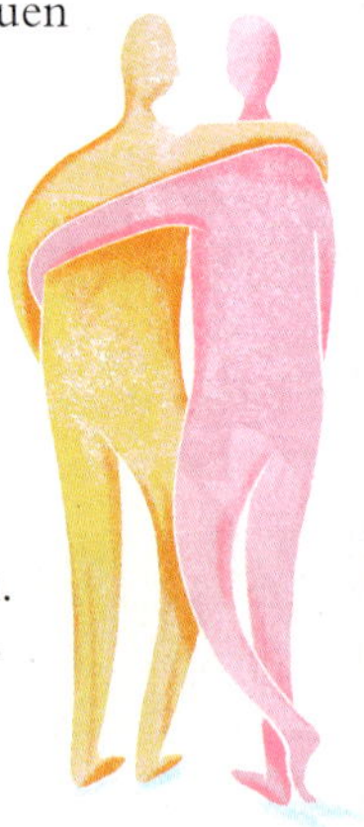

Durchs Spielen mehren wir unsere Beziehungen; es hilft uns bei der Lösung von Konflikten und lässt uns Freude empfinden. Im Spiel gewinnen wir Raum zur Wiederbelebung unserer Kreativität und lernen Dinge aus neuen Blickwinkeln heraus zu betrachten. Neue Leute eröffnen uns neue Perspektiven – und neue Perspektiven öffnen neue Türen.

So erschließen wir uns Prachtstraßen ins Universum, auf denen sich unsere Träume verwirklichen. Du weißt ja nie: Vielleicht verliebst du dich unsterblich in einen der Menschen, die du in deinem neuen Yogakurs kennenlernst. Oder erfährst im Zuge eines ehrenamtlichen Engagements von deinem zukünftigen Traumjob. Je mehr wir uns anderen Menschen zuwenden, desto mehr wendet sich die Welt uns zu. Je mehr wir geben, desto mehr können wir auch zurückbekommen. Und zum Glück verstärkt sich dieser Kreislauf ständig selbst.

Je kreativer, aktiver und produktiver wir sind, desto mehr können wir ans Universum abgeben und umso mehr gibt es zurück. Das ist der Kern jeder Manifestation: Was wir reinstecken, bekommen wir auch wieder raus. Gleiches zieht Gleiches an. Liebe zieht Liebe an, Funken Funken.

Lass uns also den Funken neu entfachen. Vielleicht nimmst du Dinge wieder auf, die du früher gern gemacht hast? Cupcakes backen zum Beispiel? Malen oder zeichnen? Dich auf die Schaukel im Park setzen? Mit den Hunden von Freunden spielen? Dich verkleiden? Wie hast du dir als Kind dein Erwachsenenleben vorgestellt? Wovon hast du früher geträumt? Was hast du dir gewünscht?

Ja, es ist an der Zeit, sich diese Fragen zu stellen. Was willst du? Was würde dir Freude machen? Wonach sehnst du dich? Was würdest du am liebsten manifestieren?

Bist du als Kind mit Stift und Schere einem Versandkatalog auf den Pelz gerückt? Hast alle Artikel, die du gern gehabt hättest, angekreuzt oder ausgeschnitten? Und hast am Ende sogar alles zu einer Art Traumhaus zusammengeklebt?

Übung

Gestalte dein Visionboard

Beim Manifestieren gehören Visionboards zu den bekanntesten und nützlichsten Hilfsmitteln.
Dabei handelt es sich um die visuelle Darstellung deiner Ziele und Hoffnungen. Ein Visionboard hilft dir, Ideen zu entwickeln, mit Wünschen zu spielen und deine Sehnsüchte greifbar zu versinnbildlichen. Dabei wird die Kreativität des kindlichen Ichs genutzt, um die Träume des gegenwärtigen Ichs in die Wirklichkeit des künftigen Ichs zu transportieren.
Besorg dir eine Schere, Magazine und Zeitungen, Klebstoff und Washi-Tape; außerdem brauchst du dein Journal oder eine Pinnwand. Ein Korkbrett lässt sich schnell umgestalten und gut präsentieren, das Journal hat aber auch seine Vorteile (etwa die unmittelbare Nähe deiner Glücks- und Dankbarkeitslisten).
Manche wählen gern Bilder aus dem Internet aus. Das ist okay, insgesamt aber würde ich dir dringend empfehlen, etwas Analoges, Greifbares zu

erschaffen. Ein digitales Board kann hübsch sein, die Beziehung zu Selbst- und Handgemachtem ist jedoch durch nichts zu ersetzen. Der Akt des Ausschneidens, Klebens und Kreierens ist viel wichtiger als das Aussehen des Endprodukts. Deine Arbeit wird dich überraschen. Und du wirst dabei einiges finden, nach dem du nie bewusst gesucht hast.

Such dir Bilder von Dingen, die deine Träume und Ziele verkörpern: aussagekräftige Begriffe, schöne Fotos oder auch Symbole. Fang mit dem großen Ganzen an, wenn dir die Einzelheiten nicht gleich in den Sinn kommen: ein menschenleerer Strand als Sinnbild für Ruhe und Frieden; ein funkelnder Diamant, der für Wohlstand steht, ein Kaminfeuer, das Geborgenheit symbolisiert.

Schneid erst aus und klebe später: Geh in die Vollen, was die Auswahl und die Menge deiner Wünsche betrifft. Sammle zunächst einmal all die Bilder und Worte, die dich ansprechen, und halt dich nicht zurück. Das Kind in dir will spielen. Lass es zu!

Lass deine funkelndsten, kreativsten Ideen von der Leine. Füge Federn, Perlchen, Band hinzu – alles, was dir gefällt. Gib den ästhetischen Wünschen deines inneren Kindes nach.

Ein Tipp: Soll das Werk auch deinem erwachsenen Ich gefallen, versuch in einer Farbfamilie zu bleiben. Oder du klebst jeden Ausriss auf neutrales Papier und schneidest die Ränder sauber aus, um eine gewisse optische Einheitlichkeit zu erzeugen. Du kannst die einzelnen Motive auch mithilfe von Washi-Tape voneinander trennen. Du musst dir das Ergebnis deiner Arbeit gern anschauen wollen und es als täglichen Motivationsschub nutzen können. Das Visionboard ist die Schatzkiste deiner Hoffnungen; es sollte also gleichermaßen schön, kühn und elegant sein. Hier ist kein Platz für Negativität, genauso wenig wie für Dinge, die du nicht magst. Vielmehr geht es um deine Hoffnungen. Um positive Einstellungen. Denn hier wird manifestiert: indem du Zeit und Energie investierst, um aus Dingen, die du schon hast, die Zukunft zu erbauen, die du dir wünschst. Das ist Arbeit. Die *du* leistest. Du allein machst das alles möglich. Und darfst dich dabei ruhig von dir selbst überraschen lassen.

Welche Ziele sind dir bewusst geworden? Was hat dir Freude gemacht? Wovon wünschst du dir mehr? Was, das dein Visionboard zeigt, fehlt dir im Leben?

5 Plane und lebe deinen Traum!

»Hast du einmal eine Entscheidung getroffen,
verschwört sich das Universum,
um sie in die Tat umzusetzen.«

Ralph Waldo Emerson

Nimm dein Journal in die Hand. Spüre sein Gewicht.

In diesem Journal kommen deine Werte, das Visionboard und die Glücks- und Dankbarkeitslisten zusammen; im Streben nach etwas Größerem verbindest du in ihm dein vergangenes, gegenwärtiges und künftiges Ich. Wir haben das Große, Vorsätze zum Beispiel, genauso behandelt wie das Winzige, etwa den Trinkbecher. Wir haben über das Erhabene gesprochen, über Albernes, Reines, Verspieltes – und jetzt ist es an der Zeit, das alles zu einem einzigen Ziel zusammenzufügen.

Es ist an der Zeit, dir ein konkretes Ziel zu setzen – und es zu erreichen.

Du kannst erreichen, was du willst, wenn du deine Wünsche aussprechen kannst. Und nachdem du dieses Buch bis hierher durchgearbeitet hast, bist du dazu bestimmt in der Lage und kannst deine Wünsche sogar aufschreiben. Aber genug der Vorrede, jetzt geht's an die Arbeit.

Schlag dein Journal auf und notier dir auf einer neuen Seite drei reale, praktische Ziele. Greif dabei auf alles zurück, was du bisher gelernt hast, alles, was dir Freude macht, wofür du dankbar bist. Und vergiss auch deine Werte nicht.

Verknüpf jedes Ziel mit deinen Werten. Schreib also nicht »Ich will reich werden!«, sondern »Ich möchte genug Geld haben, damit meine Familie finanziell abgesichert ist«. Hab Vertrauen. Sei konkret. Drück dich präzise aus. Bitte, so wird dir gegeben.

Beginne jeden Satz mit den Worten:

Ich will …

Als Nächstes formulierst du deine Ziele neu. Nicht länger wie eine Bitte, sondern als Gewissheit.

Ich werde …

Dann formulierst du noch einmal um: diesmal so, als wäre dein Wunsch bereits erfüllt. Drück dich dabei aus wie dein künftiges Ich: selbstbewusst und entschieden.

Ich bin …

Fünf-fünf-fünf und Drei-sechs-neun

Wie du bereits weißt, ist das Schreiben fürs Manifestieren entscheidend; jetzt aber legen wir noch einen Zahn zu: Ab sofort notieren wir unser Ziel täglich. So programmieren wir Geist und Universum darauf, es zu erreichen. Auf diese Weise öffnen wir das Herz und machen den Körper zum Vollzugsgehilfen der Realisierung unseres Vorhabens. Wir lenken unseren Geist zielgenau – fast wie beim Meditieren.

Das geht sowohl mit der Fünf-fünf-fünf-Methode als auch mit der neueren Drei-sechs-neun-Variante; du hast die Wahl. Beide funktionieren genau gleich. Dreimal am Tag notierst du dir deine Ziele: am Morgen, mittags und vor dem Schlafengehen. So lange, bis sie erreicht sind. Manche ziehen nach einer gewissen Zeit Zwischenbilanz – etwa alle fünf Tage oder fünf Wochen; ich allerdings halte nichts davon, dem Universum solche Fristen zu setzen. Es liefert schon. Du tust dein Bestes. Und gehst einfach davon aus, dass das auch für das Universum gilt.

Du hältst deine Ziele im Journal fest. Entweder schreibst du sie morgens, mittags, abends je fünfmal auf. Oder dreimal am Morgen, sechsmal mittags und neunmal vor dem Zubettgehen. Wie es dir am liebsten ist. Manche Leute mögen die Symmetrie des Fünf-fünf-fünf, andere ziehen der graduellen Steigerung wegen das Drei-sechs-neun vor.

Diese Variante zeichnet sich auch dadurch aus, dass sie die Arbeit an das Unbewusste delegiert. Nicht selten legt das Tagbewusstsein der Zielerfüllung allerlei Hindernisse in den Weg – was dem träumenden Geist gänzlich fremd ist. Gilt der letzte Gedanke vor dem Einschlafen der Realisierung unseres Wunsches, nehmen sich unsere Träume seiner an und finden womöglich eine Lösung.
Manche legen sich nachts sogar ihr Journal unters Kopfkissen. Wir müssen mit unseren Zielen leben, sie in den Mittelpunkt unseres gesamten Seins rücken.

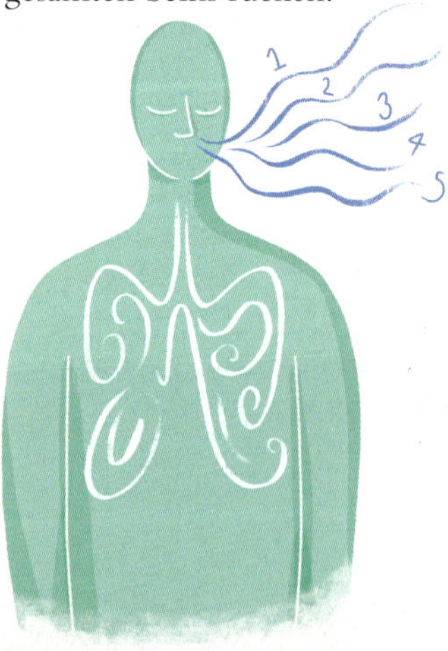

Übung

Das Fokus-Rad

Schauen wir mal, wie unser Leben aussieht, sobald es sich an unseren Zielen ausrichtet. Diese Übung geht auf ein in der Manifestationsarbeit oft genutztes Tool zurück, das Fokus-Rad. Ihm können wir exakt entnehmen, was wir tun müssen, damit uns das Universum bestmöglich helfen kann.

Wie du weißt, zieht Gleiches Gleiches an. Deshalb wollen wir die eigene »Schwingung« derjenigen unseres Ziels so gut wie irgend möglich anpassen. Unser Leben und unser Zuhause sollen zu einem Raum werden, in dem alle unsere Werte übereinstimmen.

Zeichne (vielleicht am besten auf einer Doppelseite und gegebenenfalls mithilfe eines Zirkels) einen großen Kreis in dein Journal, der fast bis an die Ränder des Papiers reicht.

In diesen großen Kreis zeichnest du nun einen kleineren und in den einen noch kleineren. Während das Rund in der Mitte momentan noch leer

bleibt, unterteilst du die beiden äußeren »Ringe« in zwölf gleich große »Tortenstücke«.
Für jedes unserer drei Ziele erstellen wir ein solches Fokus-Rad.
Es sollte in etwa aussehen wie auf der Zeichnung.
Um die Beschriftung kümmern wir uns später.

Denk jetzt an dein erstes Ziel.
Frag dich, auf welchen Werten es beruht.
Der Wunsch, einen Roman zu schreiben, etwa … beruht auf Kreativität.
Schreib diesen Begriff bitte ins Zentrum des Rades. In die zwölf Abschnitte des mittleren Rings kommen die Aspekte deines Lebens, in denen du schon kreativ bist (oder wofür du dich eben

entschieden hast). Ist deine Wohnung schön eingerichtet? Bist du stolz auf deine Kleidung oder stimmst generell die Handtasche auf deine Schuhe ab? Hast du unterwegs immer ein Buch bei dir? Vielleicht hast du schon grob eine Handlung im Kopf? Oder kannst du gut fotografieren? Eventuell schreibst du Tagebuch. Notiere zwölf Aspekte deines Lebens, in denen du bereits schöpferisch tätig bist. Und für die du bislang noch keine Dankbarkeit empfindest.

Wende deine Aufmerksamkeit jetzt dem äußeren Kreis zu, in dem es um die Zukunft geht. In diese zwölf Abschnitte schreibst du zwölf Möglichkeiten, noch kreativer zu werden. Geh von den Einträgen im mittleren Ring aus und baue sie weiter aus. Mit einer Grundlage arbeitet es sich immer leichter, als wenn man bei null anfangen muss. Angenommen, du kannst gut kochen. Dann könntest du überlegen, ein neues Rezept oder ein anderes Kochbuch auszuprobieren. Vielleicht könntest du deine eigenen Rezepte in einen Blog stellen oder sie für deine Enkel in einem Notizbuch festhalten?

Du fotografierst gut? Dann könntest du lernen,

deine Aufnahmen zu bearbeiten. Oder möchtest du sie vielleicht lieber abmalen?
Du hast schon eine Idee oder Figur für eine Geschichte im Kopf? Möchtest du sie nicht jetzt schon weiter ausarbeiten? Jeden Tag hundert Wörter schreiben? Oder wenigstens einen Satz? Ist das vielleicht genau die Arbeit, der du dich widmen musst, damit dich das Universum an dein Ziel bringen kann?
Jeden deiner zwölf Einträge im mittleren Ring solltest du um mindestens einen erweitern – einen Punkt in deinem Leben, an dem du deiner Kreativität mehr Raum geben kannst.
Von nun an solltest du dich täglich an deine zwölf Ausgangspunkte erinnern. Und in den nächsten drei Monaten versuchst du dich allwöchentlich an einer der Erweiterungen. Fokussier dich regelmäßig auf diesen einen Wert, der für dich von so großer Bedeutung ist. Du musst deinen Zielen Zeit widmen. Und ihnen den Raum geben, den sie brauchen, um Teil deines Lebens zu werden.

Absichtsmeditation

Diese Übung hilft uns bei der Arbeit, die vor uns liegt. Denn arbeiten müssen wir, wenn wir unsere Ziele verwirklichen wollen. Und dabei müssen wir uns auch alle Mühe geben, denn das Universum wird uns den Erfolg nicht einfach in den Schoß legen. Deshalb müssen wir uns jeden Tag neu engagieren.

Wir schreiben in unser Journal; wir untermauern unsere Ziele und Hoffnungen, wir engagieren uns für unsere Zukunftsvision; Erfolg jedoch kann sich nur einstellen, wenn wir alles dafür tun. Und genau hier kommt die Absichtsmeditation ins Spiel.

Wie es heißt, lassen sich die besten Absichten binnen einer Sekunde realisieren oder stundenlang erwägen. Das bedeutet: Du kannst sofort etwas tun oder die längerfristigen Folgen deiner Entscheidungen und Handlungsweisen überdenken. Eine Absicht sollte stets den gesamten verfügbaren Raum ausfüllen – sich aber auch der verfügbaren Zeit anpassen können.

Ein Beispiel: Wenn du kreativer werden möchtest, kannst du dir jetzt fünf Minuten Zeit nehmen, um eine Skizze anzufertigen, ein paar Zeilen in dein Journal zu schreiben oder dir etwas Schönes fürs Mittagessen einfallen zu lassen. Aber du kannst dich auch meditativ vor eine Kerzenflamme setzen und dich fragen: Wie kann ich meiner Kreativität mehr Raum geben? Wie würde ein Leben aussehen, in dessen Zentrum die Schöpferkraft steht? Wie könnte ich mich diesem Ziel annähern?

Lass uns jeden neuen Tag mit einer einfachen Absicht beginnen, vielleicht nachdem wir uns unser Tagesziel notiert und einen Blick auf das Fokus-Rad geworfen haben. Was möchtest du heute tun, um deinem Ziel einen Schritt näher zu kommen? Wofür soll dieser Tag gut sein?

Es geht nicht um die Ewigkeit. Sondern nur um heute. Also keine Panik. Aber frag dich bitte:

Wem oder was widme ich diesen Tag? Wem oder was widme ich jeden meiner heutigen Atemzüge? Wohin fließt meine Energie? Und wo kommt sie her?

Schau dich im Spiegel an und sag laut:

Heute widme ich mich …

Du bewegst dich in dieser Welt wie die Priesterin einer uralten Religion, wie eine Person, die ein Ziel verfolgt. Auf dieses Ziel bewegst du dich zu und hast dabei alles, was du brauchst, um es zu erreichen.

Affirmationsmeditation

Wie aber sollst du dich davon überzeugen? Das ist ja alles schön und gut, doch damit es klappen kann, musst du davon überzeugt sein. Was du reinsteckst, bekommst du zurück: Mit derselben Energie, die du ausstrahlst, werden dir die Leute entgegenkommen, denen du begegnest. Lächelst du, lächeln sie zurück. Bist du überzeugt, das Ruder in der Hand zu haben, fügen sich die anderen. Bist du überzeugt davon, nichts als Freundlichkeit und Güte verdient zu haben, sind die Leute nett zu dir – und wenn nicht, hast du immerhin den Mumm und die Stärke, dich von ihnen abzuwenden. Du musst dir unbedingt deines Wertes bewusst sein. Und hier nun kommt die Affirmationsmeditation ins Spiel.

Diese letzte Übung in diesem Buch soll dir den Mut geben, fest an alles zu glauben, was du bislang aufgeschrieben hast. Dabei ist sie unglaublich einfach.

Frag dich: Wie bin ich, wenn ich in Bestform bin? Nimm dein Journal zur Hand und mach dir ein paar Notizen. Was zeichnet dein bestes Ich aus? Worüber freut es sich und welche Erfolge kann es verbuchen? Von welchen Eigenschaften wird es gekennzeichnet? Und welche Werte verkörpert es?

Was verdankst du deinem inneren Kind?

Was kannst du von deinem künftigen Ich lernen?

Welcher Wahrheiten ist sich dein gegenwärtiges Ich bewusst?

Schreib alles auf, was dir in den Sinn kommt und was du in diesem Buch gelesen hast:

lustig
schön
liebenswert
stark
kompetent
speziell
verspielt
unabhängig
kreativ
wissbegierig
freundlich
loyal
kritisch
großzügig
klug
geliebt
magisch
einzigartig
couragiert

Zünde eine Kerze an, wenn du magst, oder schau dir im Spiegel in die Augen. Diese Wörter – egal, welche du aufgeschrieben hast: Du verkörperst sie alle. Du hast das alles in dir. Wie jede und jeder von uns. Versprochen. Du kannst – und wirst – all diese Eigenschaften in deinem Leben manifestieren. Dein ist die Fülle. Jetzt und seit jeher. Alles, was du dir wünschst, hast du in dir.

Begegne deinem Blick im Spiegel und sag:

Alles, was ich mir wünsche, habe ich in mir.

Begegne deinem Blick im Spiegel und sag:

Ich bin (gut) genug.

Du bist genug und du bist alles.

Sprich das Wort, das du von allen, die du aufgeschrieben hast, am liebsten magst, laut aus. Sag es noch einmal und immer wieder. Couragiert, wissbegierig, geliebt … Sag es dir deutlich ins Gesicht oder sprich es in die Kerzenflamme:

Couragiert, wissbegierig, geliebt.

Entscheide dich für das Wort, das dir und deinen Zielen am meisten entspricht, und affirmiere es jetzt:

Ich bin couragiert.

Ich bin wissbegierig.

Ich werde geliebt.

Wiederhole es und füg deinen Namen hinzu. Sag:

Ich, Vorname, Name, bin couragiert.

Ich, Vorname, Name, bin wissbegierig.

Ich, Vorname, Name, werde geliebt.

Ich weiß schon, wie albern du das findest. Aber gibt es dir nicht auch ein Gefühl der Stärke? Spürst du nicht, dass die Worte, je öfter du sie aussprichst, immer wahrer werden, wenn auch nur ein bisschen? Ich möchte, dass du sie sagst, bis sie zu deiner Wahrheit geworden sind. Ich wünsche mir, dass du sie so lange täglich aussprichst, bis du von ihnen überzeugt bist. Ich wünsche mir, dass du sie so lange täglich aussprichst, bis deine Überzeugung zur Wahrheit geworden ist. Ich möchte, dass du sie so lange aussprichst, bis die Wahrheit Realität geworden ist.

Alles, was du dir wünschst, hast du in dir.

Du musst nur davon überzeugt sein.

Bist du davon überzeugt, wird es die Welt auch sein; und dann gibt sie dir alles, was dir zusteht: alles und noch mehr.

Dann geht jeder deiner Träume in Erfüllung. Und nicht weniger als das hast du verdient.